Éditrices : Camille Deltombe / Angèle Cambournac
Assistante d'édition : Florie Briand
Conception graphique : Célestin Forestier

www.editions-thierry-magnier.com
isbn 978-2-36474-321-2
Dépôt légal : octobre 2013

Loi n° 49-956 du 16 juillet 1949 sur les publications destinées à la jeunesse.

Achevé d'imprimer à feu doux par Printer Portuguesa (Portugal) en septembre 2013.
Photogravure : IGS-CP

Seymourina Cruse / Élisa Géhin

LE grand LIVRE DE CUISINE DES ENFANTS

EDITIONS THIERRY MAGNIER

SOMMAIRE

ENTRÉES

PLATS

DESSERTS

ENTRÉES

ajoutez
un
morceau
de
cornichon

ou
une
olive
verte

ROULÉS AU JAMBON

pour 6 petits roulés

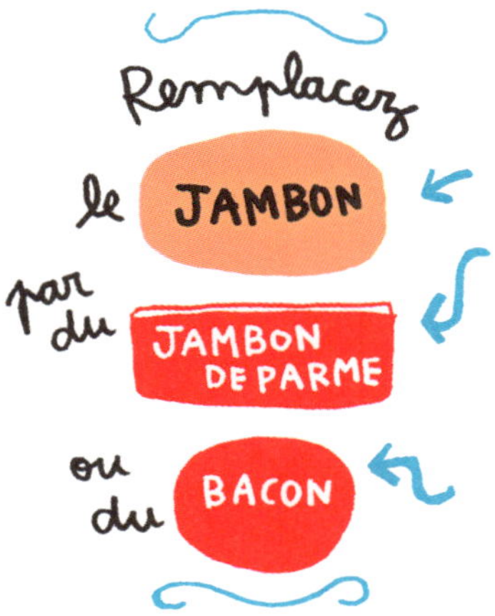

INGRÉDIENTS

- 1 tranche de jambon blanc
- 1 cuil. à soupe de fromage à tartiner (type St Môret)
- 6 petits cure-dents en bois

Tartinez de fromage la tranche de jambon.
Roulez la tranche de jambon *dans le sens de la largeur* pour obtenir un rouleau *très serré*.
Découpez le rouleau de jambon au fromage *en six petits morceaux* à l'aide d'un couteau.
Piquez chaque petit roulé d'*un cure-dent*.
Disposez-les sur une assiette et réservez *au frais* jusqu'au moment de servir en guise d'apéritif ou d'entrée, accompagnés de tomates cerise.

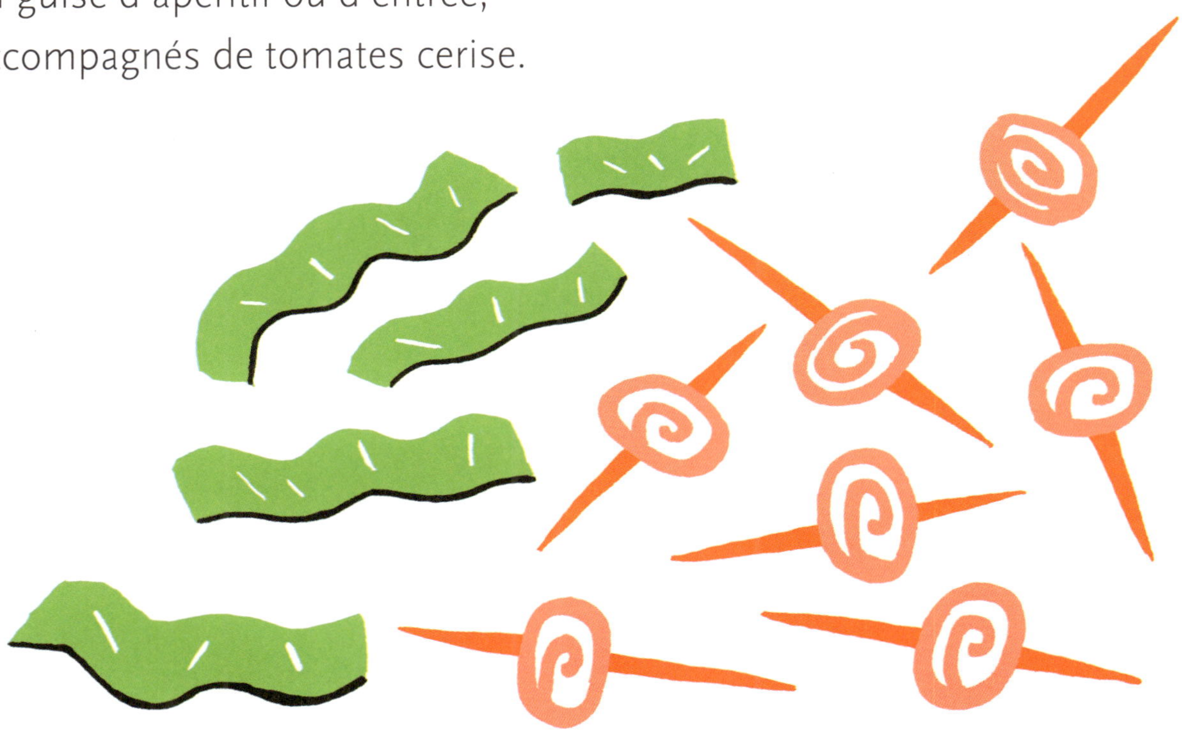

roulez la pâte

d'un côté et de l'autre

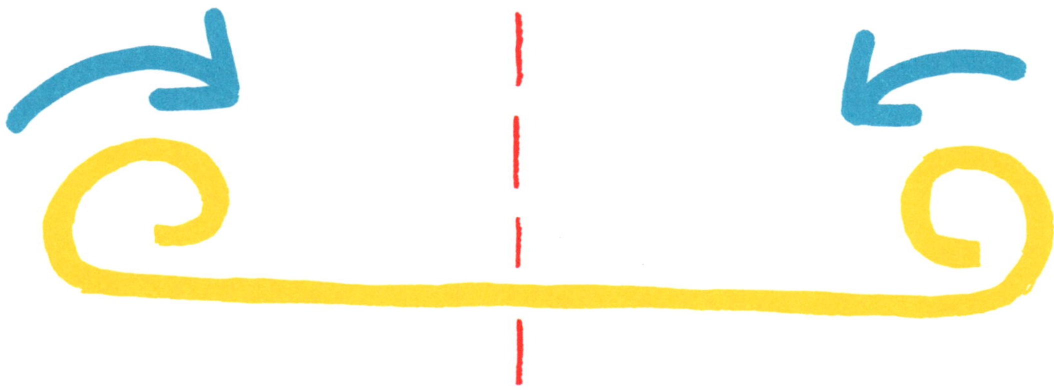

jusqu'à la moitié

pour faire des palmiers

FEUILLETÉS AU FROMAGE

pour 20 feuilletés

INGRÉDIENTS

- 1 rouleau de pâte feuilletée
- 4 cuil. à soupe de fromage aux fines herbes (type Boursin)

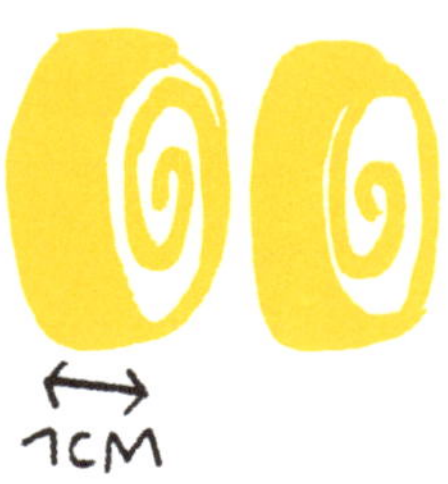

Étalez la pâte (sur le papier sulfurisé qui l'enveloppe) et tartinez-la de fromage aux fines herbes.
Roulez la pâte très serrée sur elle-même (en la décollant progressivement du papier) et remballez-la dans le papier sulfurisé ou dans du film alimentaire.
Mettez le rouleau de pâte 30 min au congélateur.
Préchauffez le four à 180 °C (th. 6).
Sortez le rouleau de pâte du congélateur, ôtez le papier ou le film qui l'entoure et découpez-le avec un couteau bien aiguisé en tranches d'environ 1 cm d'épaisseur.
Posez les tranches sur la plaque du four recouverte de papier sulfurisé (vous pouvez encore utiliser le papier d'emballage de la pâte) et enfournez 15 min environ.
Sortez les feuilletés du four lorsqu'ils sont bien dorés et servez chaud.

Présentez
les oeufs mimosa
dans un plat
sur des feuilles
de laitue

OEUFS MIMOSA

pour 4 personnes ou 8 portions

INGRÉDIENTS

- 4 œufs
- 2 cuil. à soupe de mayonnaise (voir page 27)
- 1 cuil. à soupe de persil haché

Mettez les œufs dans une casserole remplie d'eau froide salée (pour qu'ils ne se cassent pas), portez *à ébullition* et laissez bouillir 10 min.
Égouttez et rincez les œufs *à l'eau froide* (pour retirer facilement les coquilles).
Lorsque les œufs sont bien froids, *ôtez les coquilles* et coupez les œufs en deux dans le sens de la longueur à l'aide d'un couteau.
Retirez *délicatement* les jaunes en veillant à ne pas endommager les blancs.
Réservez un jaune et écrasez les trois autres *à la fourchette* en incorporant la mayonnaise et le persil haché.
Garnissez les demi-blancs d'œufs avec cette préparation.
Émiettez le jaune restant sur les œufs garnis et *servez bien frais*.

Variez
avec
des
tomates
cerises

TOMATES MOZZARELLA

pour 2 personnes

TOMATES

INGRÉDIENTS

- 2 belles tomates rouges (cœur de bœuf)
- 2 boules de mozzarella
- 10 feuilles de basilic frais
- huile d'olive vierge
- fleur de sel
- poivre du moulin

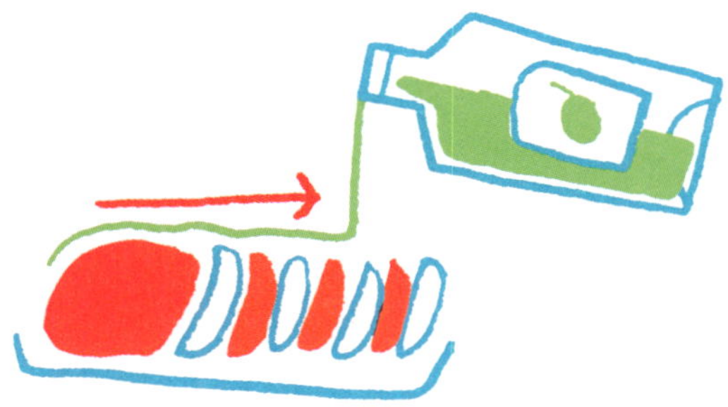

MOZZARELLA

Rincez les tomates et coupez-les *en fines tranches*.
Égouttez la mozzarella et coupez-la en fines tranches.
Garnissez deux assiettes *en alternant* une tranche de tomate et une tranche de mozzarella.
Recouvrez d'un filet d'huile d'olive,
saupoudrez de poivre, de basilic *coupé finement*
et de grains de fleur de sel.
Servez *immédiatement*.

BASILIC

Remplacez les feuilles de salade

par des feuilles d'épinards

SALADE CÉSAR

pour 4 personnes

INGRÉDIENTS

- 4 tranches de pain
- 4 tranches de bacon
- 4 aiguillettes de poulet
- 1 salade verte
- 25 g de parmesan en copeaux
- huile

POUR LA SAUCE

- 1 œuf
- 25 g de parmesan râpé
- 2 cuil. à café de câpres
- 1/2 cuil. à café de moutarde
- le jus d'1/2 citron
- 1 petite gousse d'ail
- 15 cl d'huile
- sel, poivre du moulin

Faites dorer à la poêle dans un peu d'huile le pain coupé en cubes, le *bacon* et le poulet coupé en morceaux, puis *déposez-les sur du papier absorbant* dans une assiette. *Effeuillez la salade* dans un saladier. Ajoutez les morceaux de pain, de bacon et de poulet.

Faites cuire l'œuf *une minute trente* dans de l'eau bouillante puis passez-le sous l'eau froide. *Cassez-le dans le bol* d'un mixeur et mixez-le avec tous les autres ingrédients de la sauce. Salez et poivrez l'assaisonnement *à votre goût* et incorporez-le à la salade. *Décorez* la salade de copeaux de parmesan et servez immédiatement.

Servez frais et accompagné de

PAIN DE POISSON

pour 6 personnes

INGRÉDIENTS

- 800 g de lotte (queues ou filets) sans arêtes
- 1 court-bouillon de poisson
- 8 œufs
- 2 cuil. à soupe de crème fraîche
- 2 cuil. à soupe de concentré de tomates
- sel, poivre

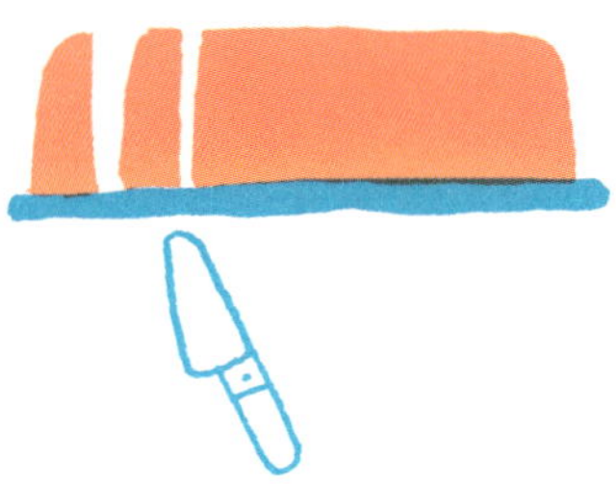

Faites cuire la lotte dans une grande casserole d'eau avec le court-bouillon.
Égouttez la lotte et déposez-la au fond d'un moule à cake.
Préchauffez le four à 180 °C (th. 6).
Mélangez les œufs, la crème et le concentré de tomates.
Salez, poivrez et versez cette préparation dans le moule sur la lotte. Enfournez et faites cuire 50 min au bain-marie.
Laissez tiédir avant de démouler et réservez au réfrigérateur.
Servez avec une vinaigrette.

Composez une vinaigrette spéciale

* Garnitures possibles et imaginables

CAKE D'APÉRITIF

pour 6 personnes

INGRÉDIENTS

- 180 g de farine
- 1 sachet de levure
- 3 œufs
- 10 cl d'huile d'arachide
- 10 cl de lait (ou 10 cl de vin blanc sec)
- 300 g de garniture *
- sel, poivre
- 1 noix de beurre pour le moule

Préchauffez le four à 210 °C (th. 7).
Mélangez tous les ingrédients : farine, levure, œufs, huile, lait, garniture, sel et poivre.
Versez dans un moule à cake beurré ou tapissé de papier sulfurisé et enfournez 1 h.
Démoulez chaud et laissez complètement refroidir avant de servir en tranches, pour l'apéritif, ou avec une salade verte, en entrée.

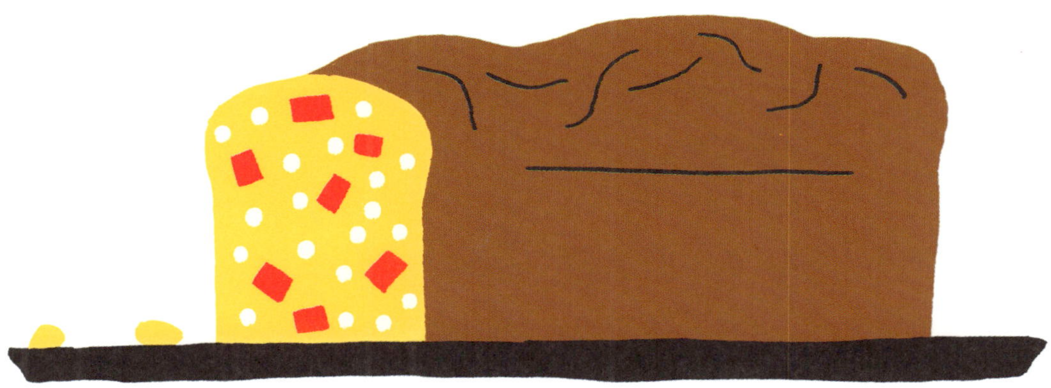

PALETTE DE CRUDITÉS

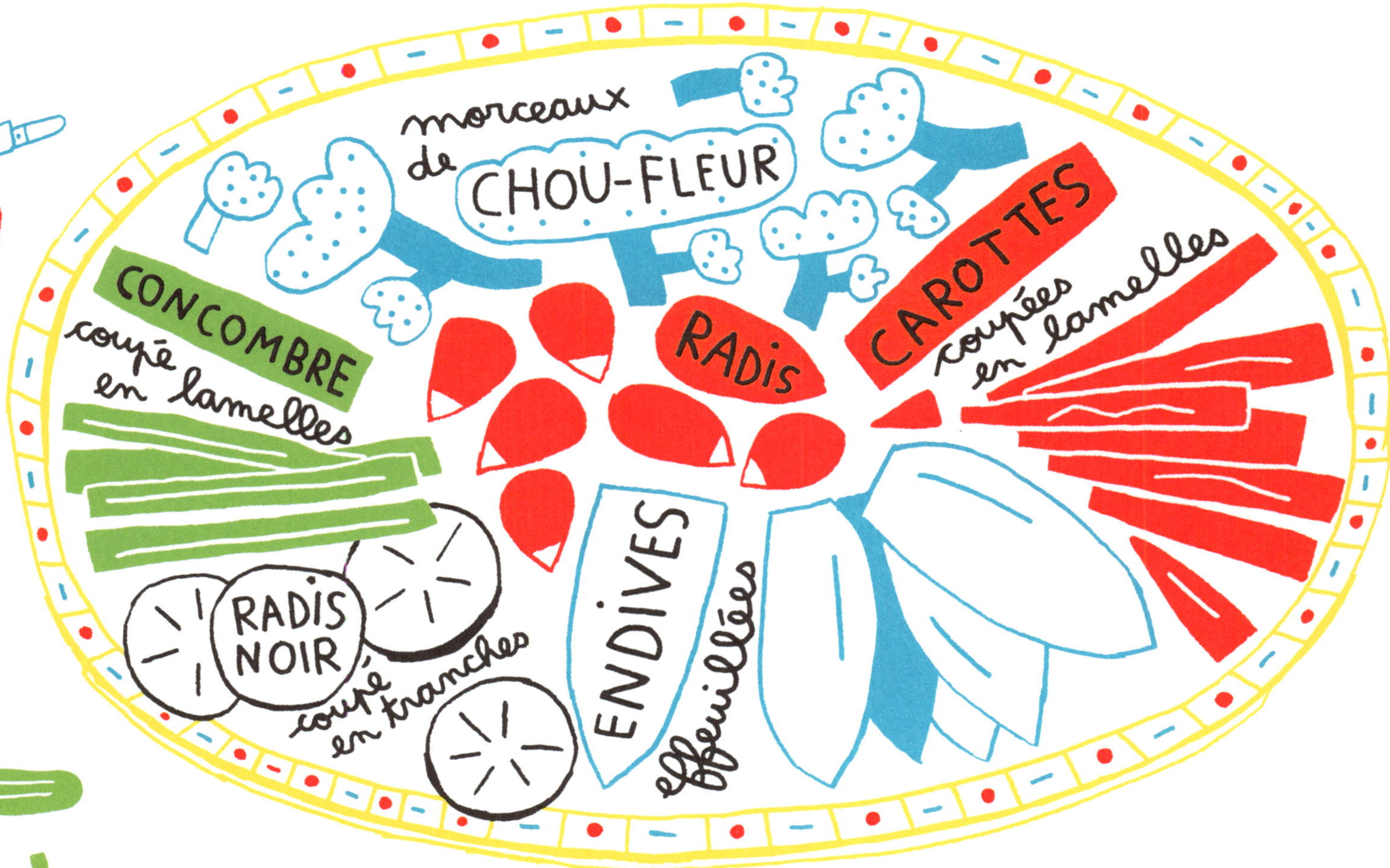

SAUCE CALIFORNIENNE

Pour un bol

INGRÉDIENTS

- 3 cuil. à soupe de mayonnaise
- 3 cuil. à soupe de ketchup
- sel, poivre

Mélangez la mayonnaise et le ketchup pour obtenir **une sauce rose** bien homogène. Salez et poivrez à votre goût.

MAYONNAISE

Pour un bol

INGRÉDIENTS

- 1 jaune d'œuf
- 1 cuil. à café de moutarde forte de Dijon
- 1 cuil. à café de vinaigre
- 1 grand verre d'huile
- sel, poivre

Dans un grand bol, mélangez au fouet ou au batteur électrique le jaune d'œuf, la moutarde, le vinaigre, le sel et le poivre.
Quand le mélange est bien lisse, ajoutez un filet d'huile tout en continuant à mixer.
Quand la mayonnaise commence à prendre, versez l'huile plus abondamment sans jamais arrêter de mixer jusqu'à ce que toute l'huile soit intégrée.

FROMAGE BLANC AUX FINES HERBES

Pour un bol

INGRÉDIENTS

- 250 g de fromage blanc
- 1 cuil. à café de moutarde forte de Dijon
- 1 bouquet d'herbes au choix (ciboulette, persil, cerfeuil, basilic, etc.)
- sel, poivre

Mélangez le fromage blanc et la moutarde.
Hachez finement les herbes au mixeur, au couteau ou à l'aide de ciseaux.
Incorporez les fines herbes à la préparation.
Salez et poivrez à votre goût.

PLATS

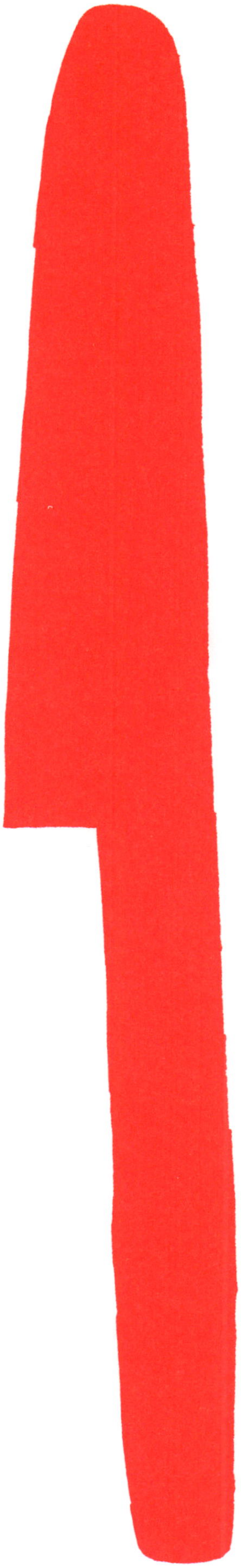

Remplacez

par

POULET BASQUAISE

pour 4-6 personnes

INGRÉDIENTS

- 1 gros poulet coupé en morceaux (env. 1,5 kg)
- 3 oignons ou 6 échalotes émincés
- 3 gousses d'ail
- 1 poivron vert et 1 poivron rouge
- 7 tomates
- 1 bouquet garni (thym, laurier, herbes de Provence)
- 1 verre d'eau
- huile d'olive
- sel, poivre

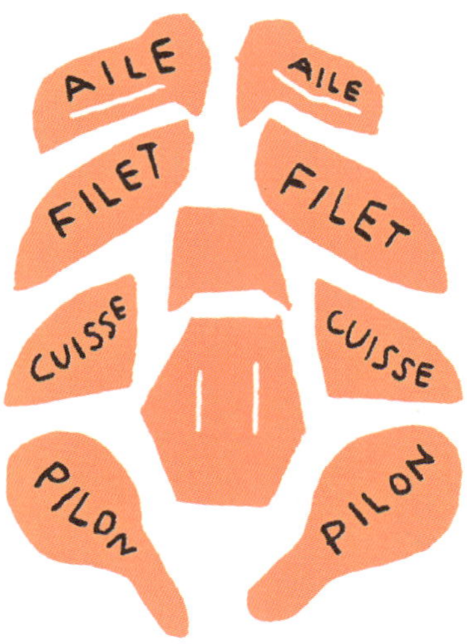

Dans une cocotte, faites dorer à l'huile les oignons, l'ail et les morceaux de poulet salés et poivrés. Ajoutez les poivrons coupés en lanières et les tomates *coupées en morceaux* puis laissez mijoter à feu doux en remuant régulièrement pendant 20 min. Ajoutez le *bouquet garni*, versez l'eau, couvrez et laissez *mijoter* à feu doux pendant 40 min au moins, jusqu'au moment de servir.

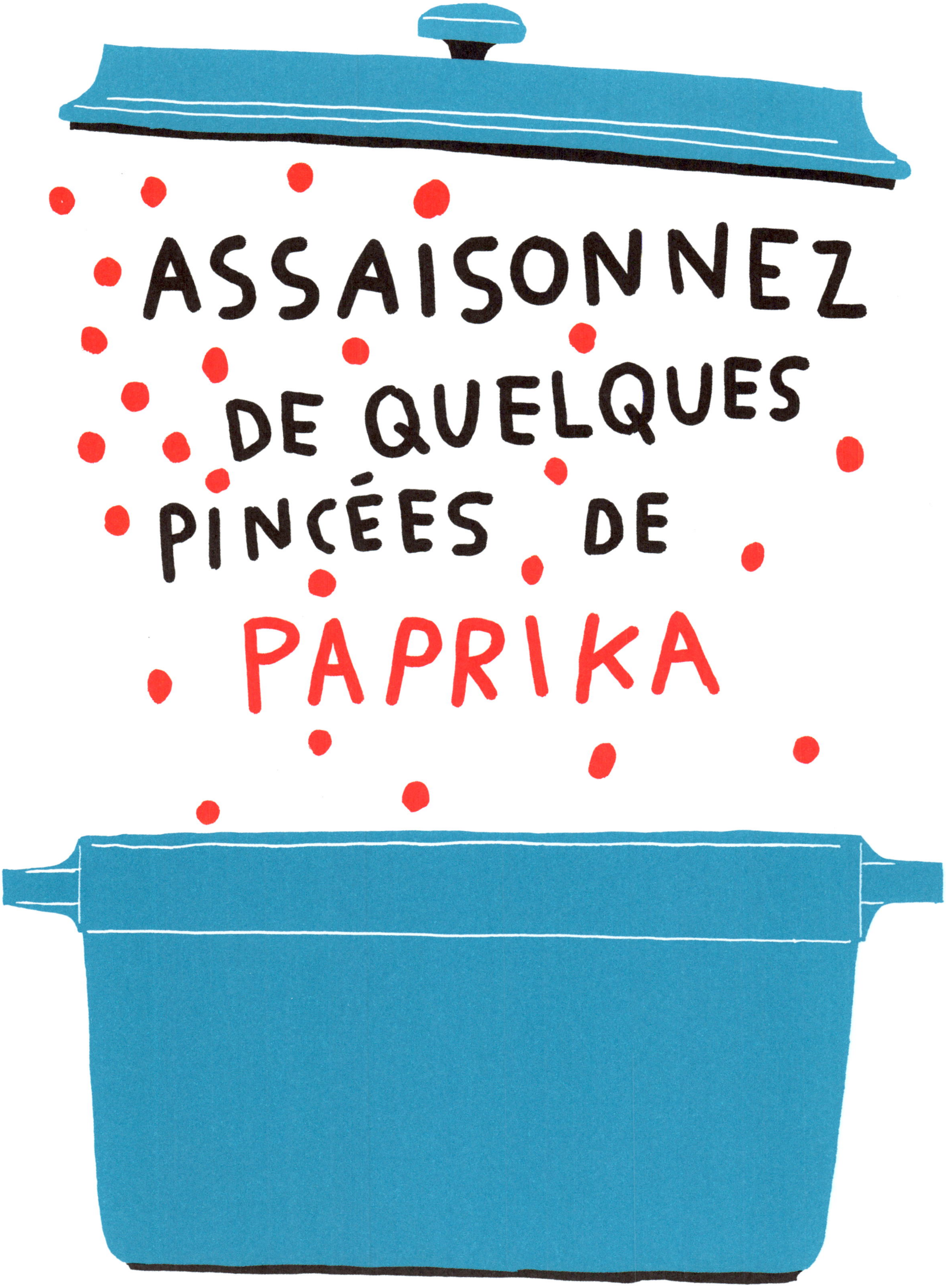
ASSAISONNEZ DE QUELQUES PINCÉES DE
PAPRIKA

BŒUF STROGONOFF

pour 4 personnes

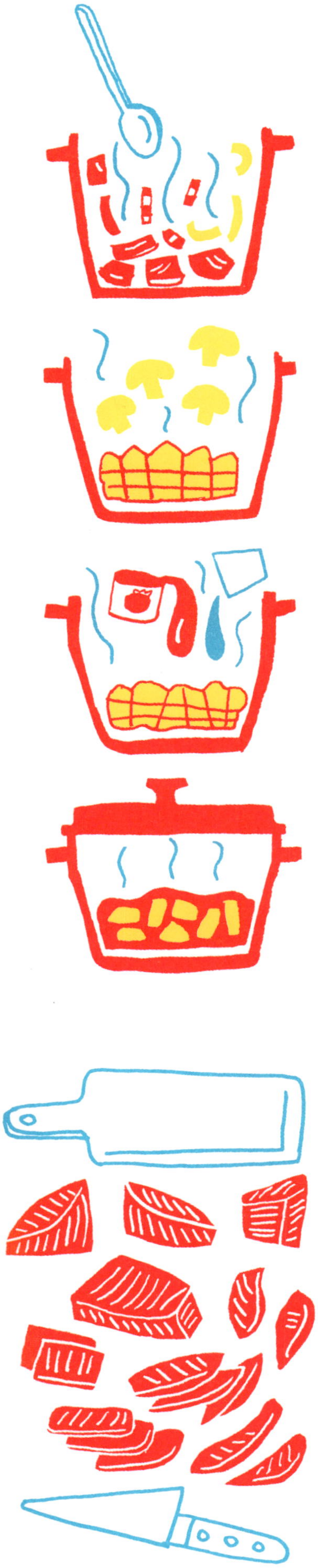

INGRÉDIENTS

- 1 kg de bœuf pour bourguignon
- 2 grosses noix de beurre
- 5 échalotes émincées
- 250 g de champignons de Paris
- 200 g de lardons
- 2 verres d'eau ou de vin (rouge ou blanc)
- 100 g de concentré de tomates
- 200 g de crème fraîche
- sel, poivre moulu

Coupez la viande en dés
et *faites-la revenir dans une cocotte*
avec le beurre, les échalotes, les champignons
coupés en quatre et les lardons.
Versez l'eau ou le vin et le concentré de tomates.
Couvrez et *laissez mijoter* au moins 40 min *à feu doux*
en veillant à ce que la viande soit bien couverte de sauce
pendant la cuisson. Avant de servir, mélangez
avec la crème fraîche puis salez et poivrez à votre goût.

Servez avec

du RIZ

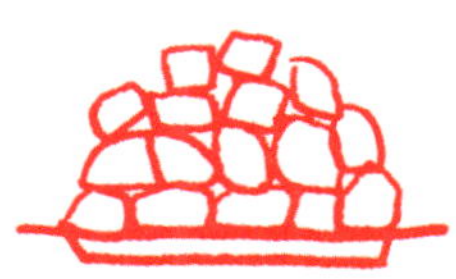

des BETTERAVES

des POMMES DE TERRE À L'EAU

en fin de cuisson
ajoutez des légumes pré-cuits dans la cocotte
POIVRONS
AUBERGINES
POMMES DE TERRE
CÉLERI

CURRY D'AGNEAU

pour 4 personnes

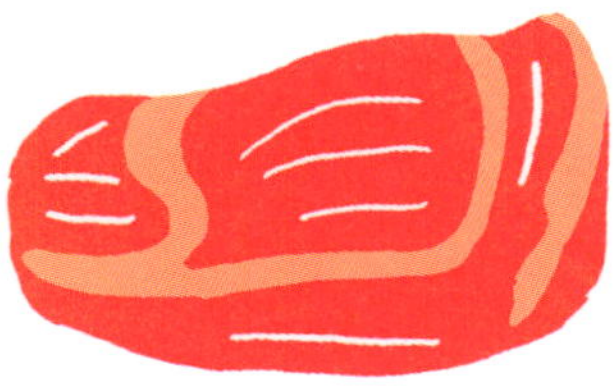

INGRÉDIENTS

- 1 kg d'épaule d'agneau désossée et coupée en morceaux
- 50 g de beurre
- 1 gousse d'ail
- 3 oignons ou 6 échalotes
- 2 cuil. à café de curry en poudre
- 80 cl de lait de coco non sucré
- sel, poivre moulu

Dans une cocotte à fond épais,
faites fondre le beurre
puis faites dorer à feu moyen l'agneau,
la gousse d'ail et les oignons hachés.
Salez, poivrez et ajoutez le curry.
Mélangez pendant 10 min puis versez le lait de coco.
Couvrez et laissez cuire dans la cocotte pendant 2 h à feu doux.
Servez avec du riz basmati
et les accompagnements de votre choix
(bananes en rondelles, poivrons coupés en petits morceaux,
noix de cajou, raisins secs, coriandre hachée, piments, etc.).

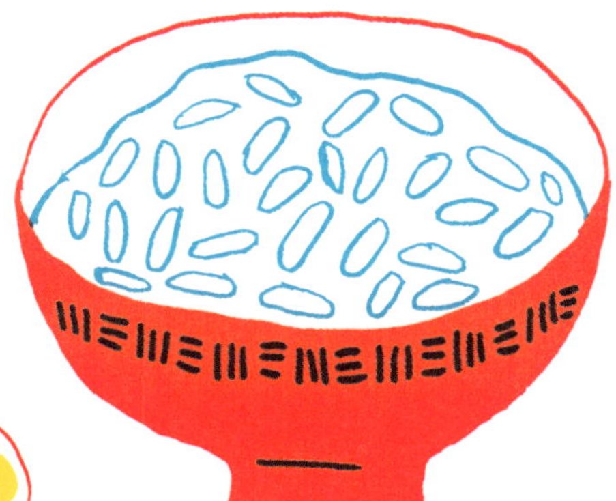

incorporez directement les oeufs crus à la poêlée

RIZ CANTONNAIS

pour 4 personnes

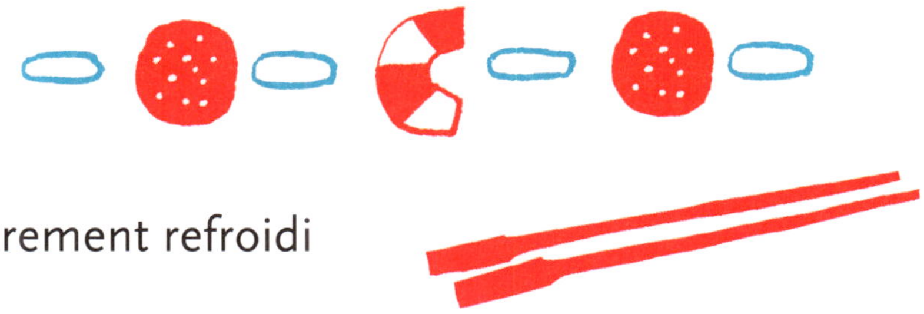

INGRÉDIENTS

- 3 bols de riz nature cuit entièrement refroidi
- 2 oignons
- 200 g de champignons de Paris
- 5 chipolatas
- 50 g de lard fumé
- 50 g de rôti de porc cuit
- 1 ciboule avec sa partie verte
- 2 cuil. à soupe de petits pois frais écossés
- 2 œufs
- 1 noix de beurre
- 50 g de crevettes décortiquées
- ciboulette
- sel, poivre moulu

Faites *revenir* dans une poêle les oignons *émincés* et les champignons en lamelles avec les saucisses, le lard et le porc coupés en petits morceaux.
Quand les oignons sont *translucides*, ajoutez la ciboule émincée, le riz cuit et les petits pois frais.
Laissez cuire *à feu doux*.
Pendant ce temps, *battez les oeufs* avec du sel et du poivre et faites cuire une omelette *très fine* dans une noix de beurre.
Ajoutez enfin l'omelette *en petits morceaux* et les crevettes dans la poêlée de riz.
Servez chaud *saupoudré de ciboulette hachée*.

tranches de lard
ou
lardons
fumés
dés
de
jambon

TAGLIATELLES CARBONARA

pour 4 personnes

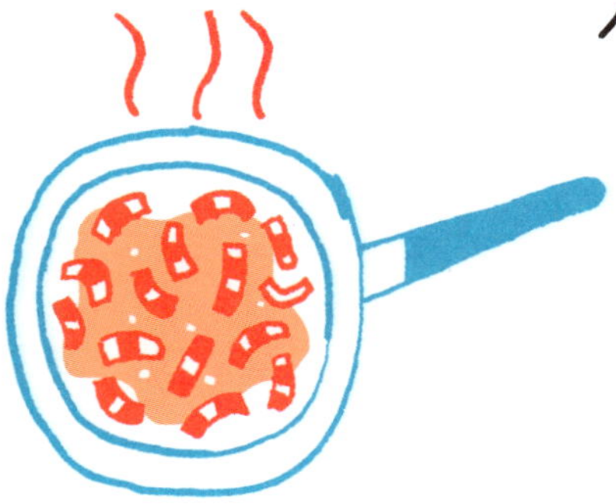

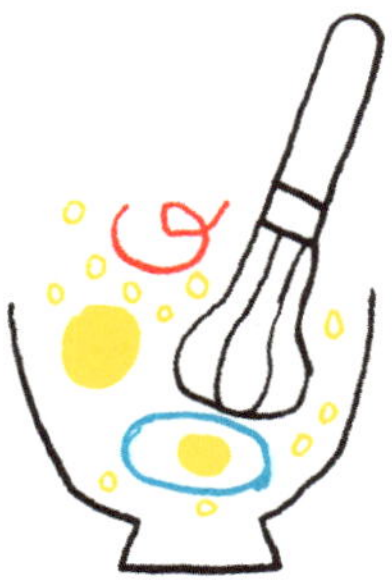

INGRÉDIENTS

- 250 g de tagliatelles
- 4 tranches de lard coupées en lamelles ou 200 g de lardons
- 20 cl de crème fraîche
- 1 pincée de paprika
- 1 œuf entier et 1 jaune d'œuf
- 60 g de parmesan râpé
- 30 g de beurre

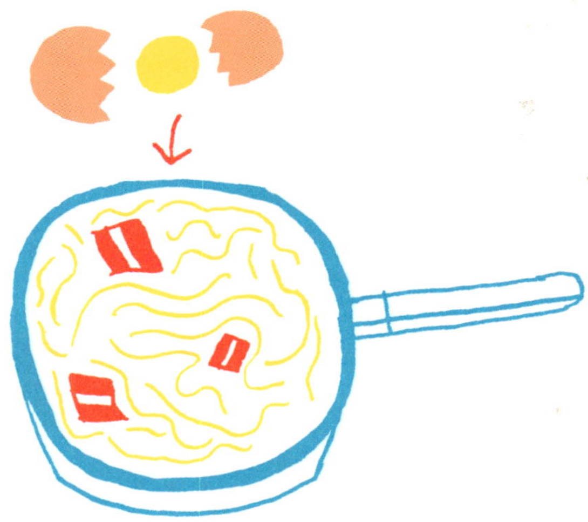

Faites cuire les tagliatelles
dans *un grand volume d'eau* bouillante salée.
Pendant ce temps, faites cuire à *feu doux* les lardons
dans une grande poêle, jusqu'à ce qu'ils soient *croustillants*.
Ajoutez la *crème* et le *paprika* puis mélangez.
Fouettez vigoureusement l'œuf, le jaune d'œuf
et le parmesan dans un bol.
Égouttez les pâtes.
Ajoutez-les avec le beurre *sur le lard à la crème*
et réchauffez à feu doux. Ajoutez les œufs battus,
mélangez et servez aussitôt.

Servez
chaud
avec

ou

et du PAIN FRAIS

LÉGUMES FARCIS

INGRÉDIENTS

- 8 légumes à farcir (poivrons, aubergines, courgettes, tomates à farcir, courgettes rondes)
- 300 g d'épaule de porc
- 300 g de chair à saucisse
- 1 œuf
- 100 g de beurre
- 1/2 verre d'huile
- 1/2 verre d'eau
- sel, poivre
- persil

Hachez l'épaule de porc et mélangez-la à la main avec la chair à saucisse.
Ajoutez l'œuf puis mélangez à l'aide d'une cuillère en bois jusqu'à l'obtention d'une farce lisse.
Coupez les poivrons en deux et épépinez-les.
Coupez les aubergines et les courgettes dans le sens de la longueur et creusez-les à la cuillère.
Décapitez et creusez les courgettes rondes et les tomates (réservez la pulpe).

Salez les légumes évidés et faites-les dégorger sur du papier absorbant.

Incorporez la pulpe des légumes à la viande.
Salez, poivrez et saupoudrez de persil.
Préchauffez le four à 180°C (th.6).

Disposez les légumes évidés dans un plat allant au four, en les collant les uns aux autres, pour éviter qu'ils ne se renversent pendant la cuisson.
Garnissez-les de farce, déposez une noix de beurre sur chaque légume farci et arrosez le tout d'un filet d'huile et d'eau.
Enfournez une heure environ.

Vérifiez la cuisson des pommes de terre

GRATIN DAUPHINOIS

pour 4 personnes

INGRÉDIENTS

- 1 kg de pommes de terre à chair tendre (variété pour purée)
- 1 grosse noix de beurre
- 1 gousse d'ail
- 30 cl de crème fraîche
- muscade
- sel, poivre

Préchauffez le four à 180 °C (th. 6).
Épluchez et coupez les pommes de terre en très fines lamelles à l'aide d'un couteau ou d'un robot hachoir.
Disposez une première couche de pommes de terre au fond d'un plat à gratin préalablement beurré et frotté d'une gousse d'ail.
Salez, poivrez, assaisonnez de muscade et couvrez d' une fine couche de crème.
Renouvelez l'opération jusqu'à épuisement des ingrédients en terminant par une couche de crème.
Enfournez 45 minutes environ.

Préparez à l'avance...

...et réchauffez juste avant de servir

GRATIN DE TOMATES ET COURGETTES

pour 6 personnes

INGRÉDIENTS

- 8 tomates allongées
- 4 courgettes
- 4 échalotes
- huile d'olive
- thym
- sel, poivre

Faites revenir, dans l'huile et à la poêle, les échalotes émincées jusqu'à ce qu'elles deviennent translucides.
Tapissez le fond d'un plat allant au four avec la fondue d'échalotes à l'huile.

Coupez les tomates et les courgettes en tranches très fines (sans les éplucher).
Disposez les tomates et les courgettes sur la fondue d'échalotes en intercalant des rondelles de tomates et de courgettes superposées très serrées, voire presque verticales (comptez une tranche de tomate pour 2 à 5 tranches de courgettes).

Salez, poivrez, saupoudrez de thym, versez un filet d'huile d'olive et enfournez à 180°C (th.6) pendant une heure environ.

Changez de goût !
QUICHE
aux champignons
QUICHE
au fromage
QUICHE
au jambon

QUICHE LORRAINE

pour une quiche

INGRÉDIENTS

- 1 pâte brisée
- 3 œufs
- 2 verres de crème fraîche (ou de lait)
- 150 g de lardons fumés
- sel, poivre

Préchauffez le four à 200 °C (th. 6/7).
Étalez la pâte sur un plat à tarte beurré
et piquez le fond avec une fourchette.
Battez en omelette les œufs,
la crème (ou le lait) et les lardons.
Salez, poivrez et versez le mélange sur la pâte.
Enfournez 30 minutes.

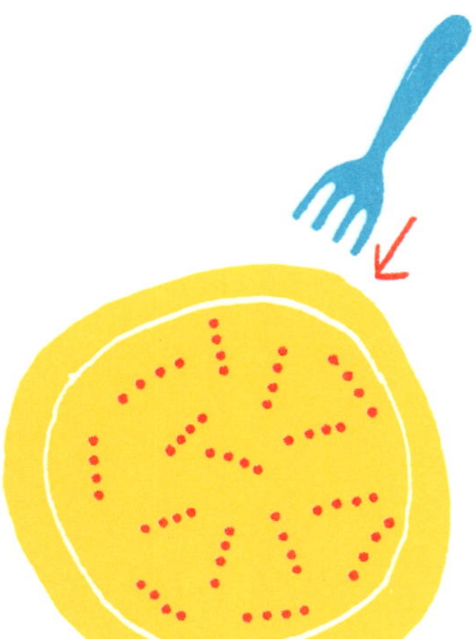

9 RECETTES POUR UN OEUF

L'OEUF COQUE

Mettez l'œuf dans une casserole
d'eau bouillante salée (*).
Laissez bouillir 3 min à partir de la reprise de l'ébullition et égouttez.
Servez chaud avec des «mouillettes» (pain de mie grillé, beurré et coupé en lamelles).

L'OEUF MOLLET

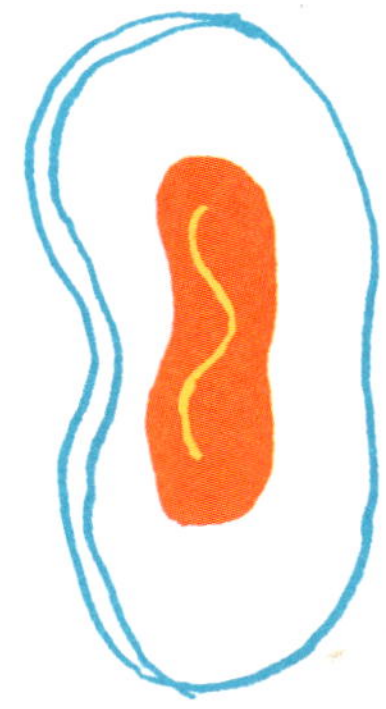

Mettez l'œuf dans une casserole
d'eau froide salée (*).
Dès que l'eau bout à gros bouillons, égouttez-le, plongez-le aussitôt dans l'eau froide (#), posez-le sur une assiette et retirez délicatement la coquille.
Servez tiède sur une salade.

L'OEUF DUR

Mettez l'œuf dans une casserole
d'eau froide salée (*).
Portez à ébullition et laissez bouillir 10 min.
Égouttez-le et plongez-le dans l'eau froide (#) jusqu'à ce qu'il soit complètement refroidi.
Servez froid avec du sel fin.

L'ŒUF POCHÉ

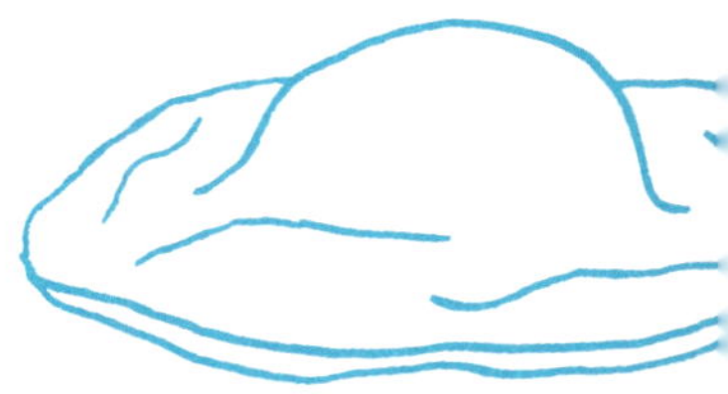

Maintenez de l'eau vinaigrée à petite ébullition dans une grande casserole sur feu moyen.
Cassez l'œuf dans une tasse (§) et faites-le glisser délicatement dans l'eau.
Lorsque le blanc d'œuf commence à prendre, ramenez-le délicatement sur le jaune avec une cuillère à soupe.
Au bout de 3 min, égouttez l'œuf poché à l'aide d'une écumoire.
Servez tiède sur une salade.

L'OEUF COCOTTE

Préchauffez le four à 240 °C (th. 8).
Beurrez les parois d'un ramequin.
Ajoutez une cuillerée à soupe de crème fraîche, salez, poivrez et cassez l'œuf dans le ramequin.
Enfournez au bain-marie jusqu'à ce que le blanc d'œuf devienne blanc.
Servez chaud dans les ramequins.

(*) pour que la coquille n'éclate pas ! (#) pour ôter facilement la coquille ! (§) cassez les œufs un par un dans la tasse !

L'ŒUF SUR LE PLAT

Faites fondre une grosse noix de beurre dans une poêle.
Cassez l'œuf dans la poêle bien chaude (délicatement pour ne pas faire éclater le jaune).
Laissez cuire à feu doux jusqu'à ce que le blanc d'œuf devienne tout blanc et faites glisser l'œuf dans une assiette.
Servez sur un croque-monsieur pour le transformer en croque-madame !

L'ŒUF BROUILLÉ

Battez les œufs dans une casserole avec du beurre (comptez une noix de beurre par œuf et 2 œufs par personne).
Faites cuire au bain-marie à feu moyen en mélangeant sans arrêt avec une cuillère en bois pendant 7 min environ.
Servez chaud avec du pain frais.

L'ŒUF FRIT

Faites chauffer un verre d'huile dans une petite poêle.
Cassez l'œuf dans une tasse et faites-le glisser délicatement dans l'huile.
Lorsque le blanc d'œuf commence à blanchir, ramenez-le délicatement sur le jaune avec une cuillère en bois.
Au bout de 2 min, égouttez l'œuf à l'aide d'une écumoire.
Servez tiède avec des haricots rouges et des tranches de tomates grillées.

L'OMELETTE

Battez les œufs dans un saladier (comptez 2 œufs par personne).
Salez, poivrez et versez le mélange dans la poêle bien chaude avec 1 cuillerée à soupe d'huile et une grosse noix de beurre.
Mélangez avec une fourchette pour que l'omelette cuise dans toute son épaisseur.
Dès que l'omelette est sèche sur les bords, mais encore baveuse au centre, repliez-la en deux et faites-la glisser sur un plat.
Servez chaud avec une salade.

DESSERTS

Saupoudrez de sucre roux

TARTE AUX POMMES

pour 6 personnes

INGRÉDIENTS

- 150 g de farine (5 grosses cuil. à soupe)
- 75 g de beurre
- 1 pincée de sel
- 1/2 verre d'eau
- 4 grosses pommes (golden, reinette ou canada)

Pour faire la pâte brisée : mélangez la farine, le sel et le beurre en pressant les paumes de mains l'une contre l'autre.
Ajoutez l'eau, pétrissez puis assemblez la pâte en boule.
Avec la paume de la main, écrasez la pâte 2 à 3 fois sur le plan de travail afin de la rendre bien lisse.
Formez une boule et réservez-la au frais (2 heures si possible) avant de l'utiliser.

Préchauffez le four à 200 °C (th. 6-7).
Épluchez les pommes et coupez-les en lamelles.
Étalez la pâte brisée à l'aide d'un rouleau à pâtisserie sur un plan fariné et posez-la dans le moule à tarte.
Disposez les lamelles de pommes superposées en arc de cercle.
Enfournez la tarte 30 min environ.

garnissez votre fond de tarte selon vos goûts !

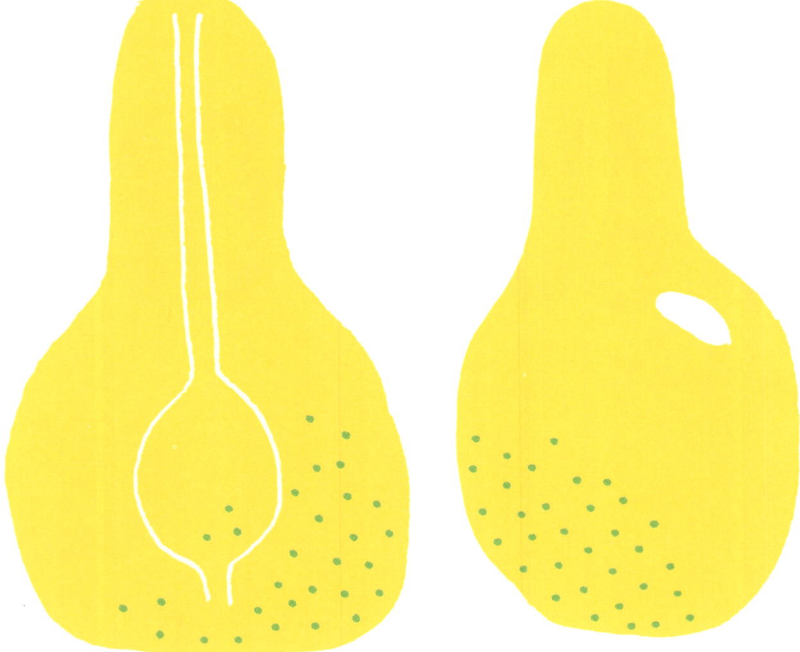

remplacez les demi-poires

par des oreillons d'abricots,

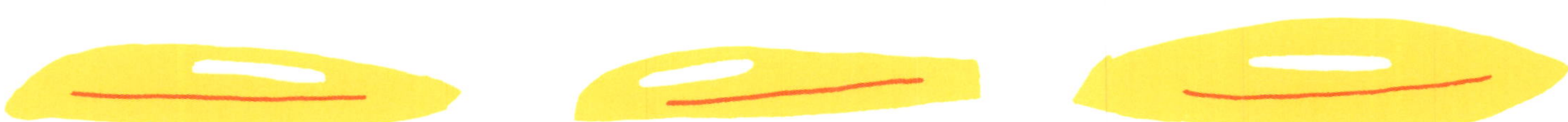

des morceaux de mangues

ou des quartiers de pommes

TARTE AUX POIRES AMANDINE

pour 6 personnes

INGRÉDIENTS

- 1 rouleau de pâte brisée
- 9 demi-poires au sirop en conserve (1 boîte de 820 g)
- 3 jaunes d'œufs
- 120 g de sucre
- le zeste de 1 orange
- 125 g de poudre d'amandes (1 sachet)
- 30 g de beurre ramolli
- 3 cuil. à soupe de lait ou de crème fraîche

Préchauffez le four à 200°C (th. 6-7).
Disposez la pâte dans le moule à tarte.
Égouttez et placez les demi-poires sur la pâte
(8 à la périphérie et la 9e au centre).
Faites cuire la pâte garnie de poires pendant **10 min**.

Mélangez les jaunes d'œufs et le sucre
jusqu'à ce que le mélange **blanchisse un peu**.
Ajoutez le zeste d'orange, la poudre d'amandes et le beurre ramolli.
Versez le lait ou la crème. Fouettez pour que
le mélange soit **bien lisse**.
Versez la préparation sur les poires
et repassez la tarte au four pendant 20 min environ
(jusqu'à ce que le dessus soit légèrement doré).

Placez la fève au bord,

au milieu
elle serait découverte
au premier
coup de couteau !

GALETTE DES ROIS

pour 8 personnes

INGRÉDIENTS

- 100 à 125 g de beurre ramolli
- 100 à 125 g de sucre
- 125 g de poudre d'amandes (1 sachet)
- 2 œufs + 1 jaune (pour le glaçage)
- 2 rouleaux de pâte feuilletée (2 x 250 g)
- 1 fève

Préchauffez le four à 210 °C (th. 7).
Mélangez le beurre avec le sucre,
les amandes et les 2 œufs.
Déroulez un disque de pâte
sur une plaque ou un plat allant au four
tapissé de papier sulfurisé.
Étalez la préparation au centre, posez la fève
et recouvrez avec le second disque de pâte.
Pincez les 2 pâtes pour fermer les bords de la galette.
Badigeonnez la galette de jaune d'œuf et enfournez 30 min.
Servez tiède.

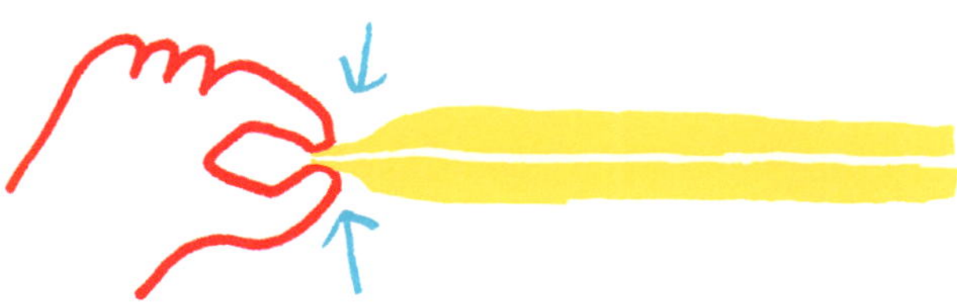

UTILISEZ TOUS VOS BLANCS D'OEUFS ESSEULÉS !

FINANCIERS

pour 8 personnes

AS DE MOULES À FINANCIERS ?

renez des etits moules à tartelettes

ou un moule à madeleines

INGRÉDIENTS

- 125 g de poudre d'amandes (1 sachet)
- 200 g de sucre
- 160 g de farine
- 4 blancs d'œufs
- 1 pincée de sel
- 120 g de beurre fondu
- 1 cuil. à café d'extrait de vanille

retournez les blancs ça tient au saladier !

Préchauffez le four à 200 °C (th. 6-7).
Mélangez dans un récipient la poudre d'amandes, le sucre et la farine.
Montez les blancs en neige avec le sel,
puis incorporez-les délicatement à la préparation.
Ajoutez à la pâte le beurre fondu et l'extrait de vanille.
Beurrez le moule à financiers, versez-y la préparation
et enfournez 15 à 20 min, jusqu'à ce que le dessus commence à dorer
(comptez un temps de cuisson plus long si vous versez la pâte dans un moule à gâteau classique).

Pour faire fondre le chocolat,

- cassez la plaque en morceaux dans un bol,
- ajoutez 30cl d'eau,
- et passez 1 min 30 au micro-ondes.

FONDANT AU CHOCOLAT

pour 6 personnes

Pour un gâteau **FONDANT** arrêtez le four au bout de 20 minutes

INGRÉDIENTS

- 200 g de chocolat noir
- 150 g de beurre ramolli
- 150 g de sucre en poudre
- 3 œufs
- 50 g de farine

Préchauffez le four à 150 °C (th. 5).
Faites *fondre* le chocolat avec le beurre puis mélangez avec le sucre.
Ajoutez les œufs et la farine puis mélangez jusqu'à ce que la pâte soit *bien lisse*.
Versez la pâte dans *un moule* recouvert de papier sulfurisé et enfournez 30 min.
Sortez du four, laissez tiédir puis démoulez et *réservez au frais* jusqu'au moment de servir.

Laissez refroidir

et saupoudrez de

utilisez un yaourt

à la vanille
au chocolat
ou aux fruits

GÂTEAU AU YAOURT

pour 4 personnes

INGRÉDIENTS

- 1 pot de yaourt
- 2 pots de sucre
- 1 pot d'huile
- 3 pots de farine
- 3 œufs
- 1 pincée de sel

colorez la pâte avec de la confiture de fruits rouges

Préchauffez le four à 200°C (th. 6-7).
Dans un saladier, mélangez dans l'ordre :
le yaourt (conservez le pot pour les dosages qui suivent), le sucre, l'huile, la farine, les œufs et le sel.
Versez la préparation dans un moule à gâteau (moule à cake ou moule à manqué) recouvert de papier sulfurisé.
Enfournez 40 minutes et laissez tiédir avant de démouler.

remplacez un des pots de farine par un pot de noisettes en poudre

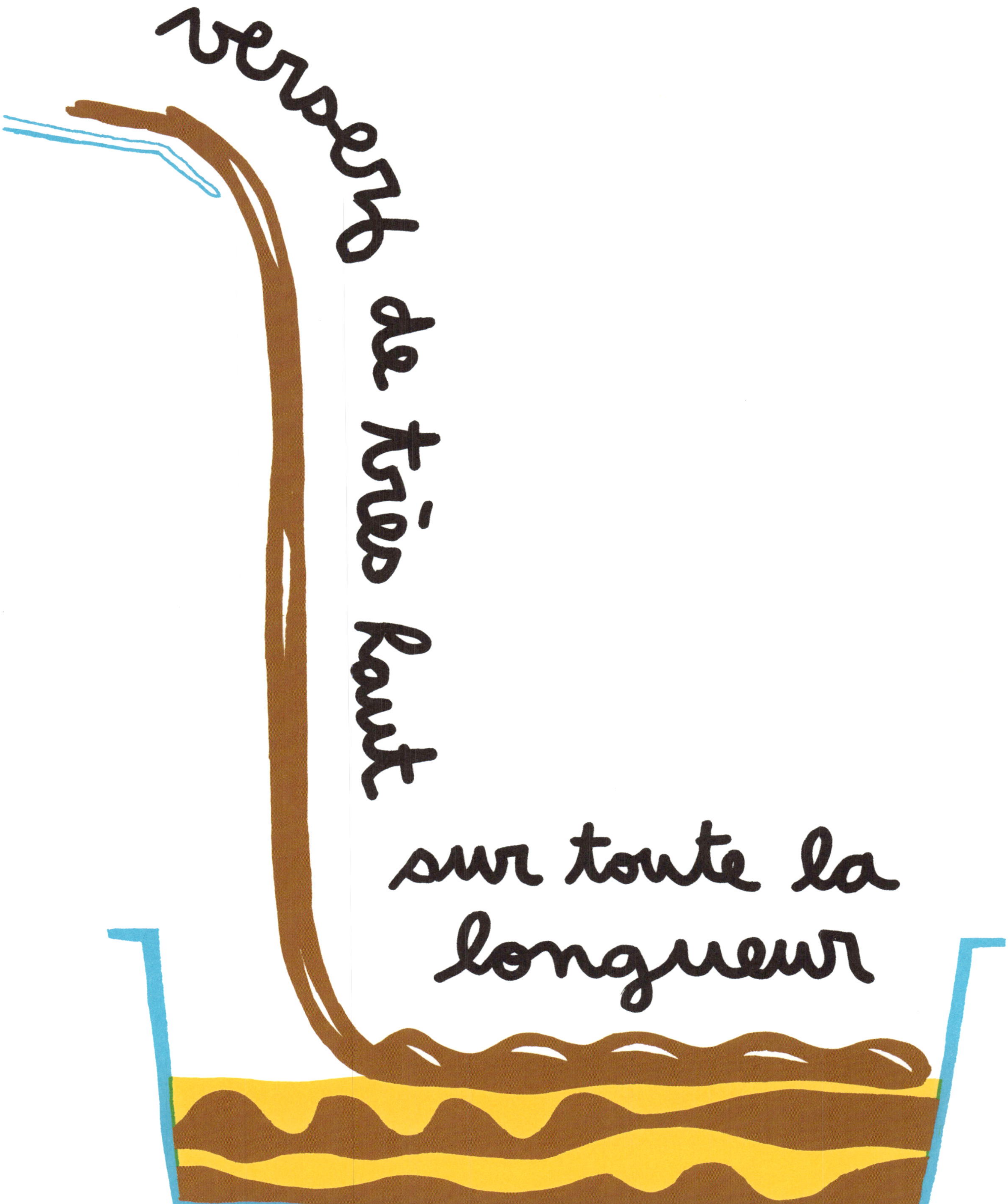
versez de très haut
sur toute la longueur

MARBRÉ AU CHOCOLAT

pour 6 personnes

remplacez la crème dessert

par du chocolat noir fondu

INGRÉDIENTS

- 3 œufs
- 200 g de sucre en poudre
- 150 g de beurre ramolli
- 300 g de farine
- 125 g de crème dessert à la vanille (type Danette)
- 125 g de crème dessert au chocolat (type Danette)

Préchauffez le four à 180 °C (th. 6).
Dans un saladier, battez les œufs avec le sucre et le beurre, puis incorporez la farine jusqu'à ce que le mélange soit bien lisse.
Séparez la préparation en deux en versant la moitié de la pâte dans un autre saladier.
Incorporez la crème dessert à la vanille dans un saladier et la crème dessert au chocolat dans l'autre.
Dans un moule à cake beurré, versez la moitié de la pâte à la vanille sur toute la longueur, puis la moitié de la pâte au chocolat, puis le reste de pâte à la vanille et le reste de pâte au chocolat.
Enfournez 35 min puis démoulez immédiatement et laissez refroidir.

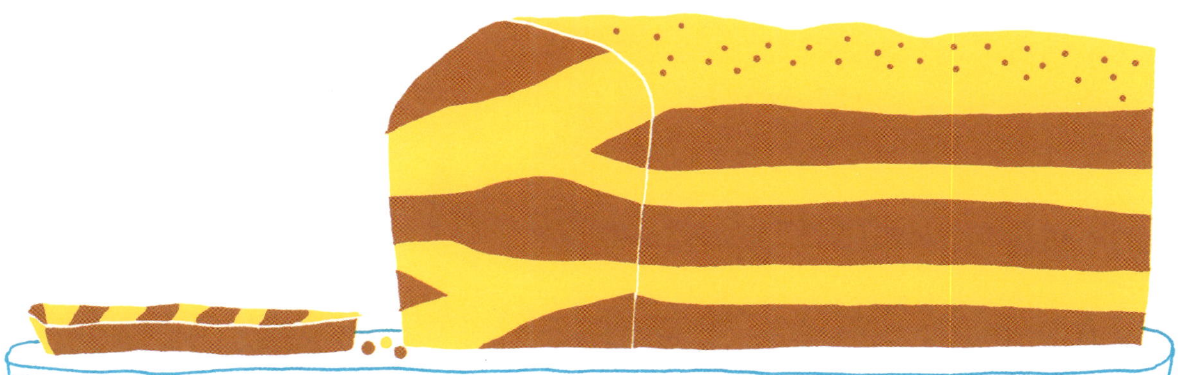

disposez au fond du plat
autant de biscuits...

... que de personnes

OPÉRA AUX BISCUITS

pour 6 personnes

INGRÉDIENTS

- 300 g de chocolat noir
- 1 grosse noix de beurre
- 2 cuil. à soupe de crème fraîche épaisse
- 30 biscuits Thé ou petits-beurre
- 1 bol de café noir

PRÉPAREZ CE GÂTEAU LA VEILLE

Faites fondre le chocolat avec le beurre puis mélangez-les hors du feu à la crème fraîche. Au milieu d'une grande assiette ou d'un plat, disposez une première couche de biscuits préalablement trempés dans le café. Nappez d'une couche de chocolat. Posez une deuxième couche de biscuits imbibés de café et renouvelez l'opération jusqu'à épuisement des ingrédients, en terminant par une couche de chocolat. Conservez 4 heures au moins au réfrigérateur. Avant de servir, coupez au couteau les quatre côtés du gâteau pour découvrir toutes les couches superposées de votre opéra.

quatre
ingrédients
de poids
égaux
mélangés

QUATRE-QUARTS

pour 6 personnes

INGRÉDIENTS

- 3 œufs
- beurre (poids égal à celui des œufs)
- sucre (poids égal à celui des œufs)
- farine (poids égal à celui des œufs)

Préchauffez le four à 180 °C (th. 6).
Pesez les œufs pour ensuite préparer
le même poids de beurre, de sucre et de farine.
Faites fondre le beurre et mélangez-y le sucre,
la farine puis *les oeufs entiers*.
Versez la préparation dans un moule à gâteau *beurré*
Enfournez 40 min environ.
Démoulez le gâteau à la sortie du four et servez-le
une fois qu'il a *complètement refroidi*.

Quatre-quarts au chocolat

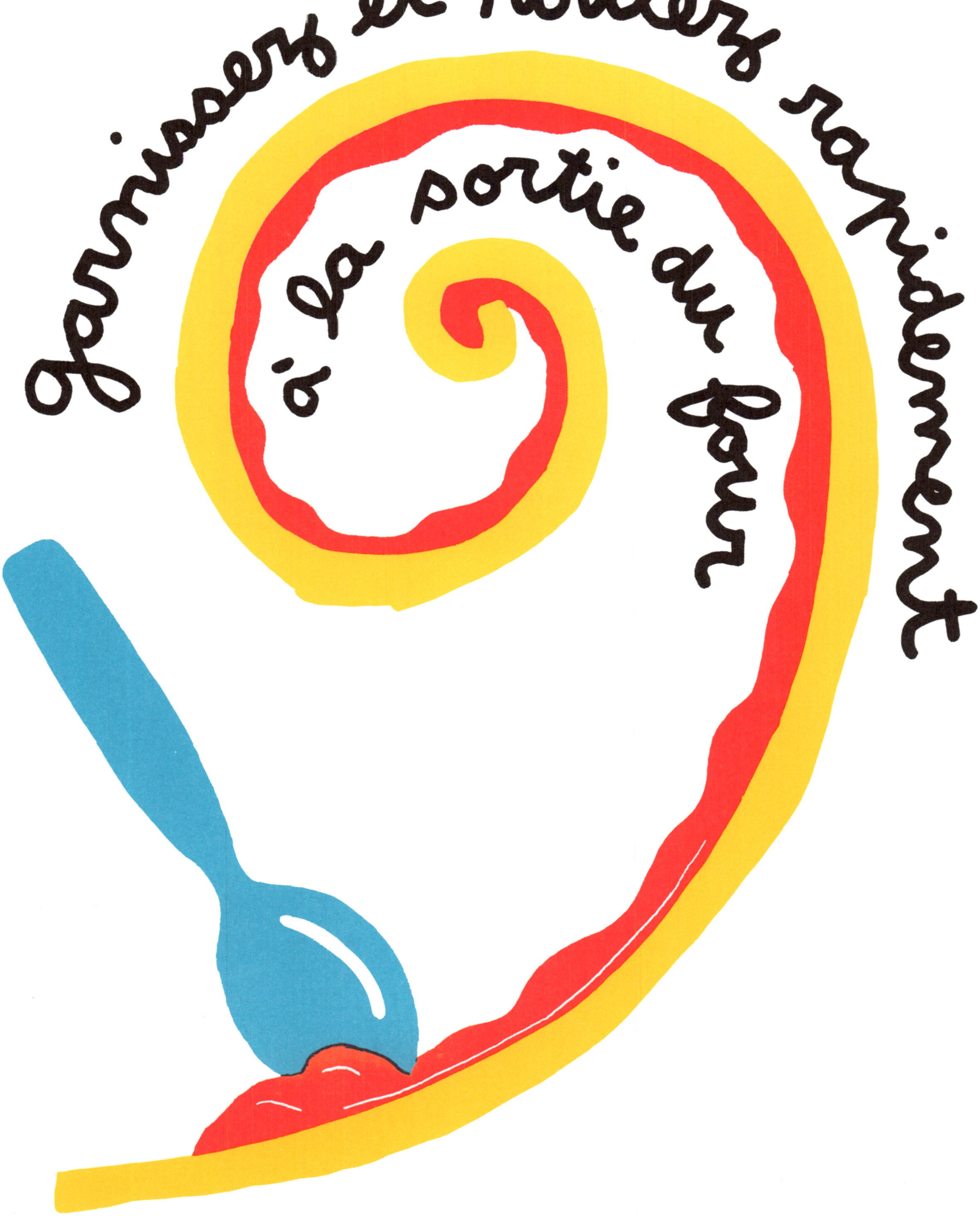
garnissez et roulez rapidement
à la sortie du four

GÂTEAU ROULÉ

pour 6 personnes

INGRÉDIENTS

- 125 g de beurre
- 120 g de sucre
- 2 œufs
- 2 cuil. à soupe de lait
- 120 g de farine
- 1/2 sachet de levure
- 3 cuil. à soupe de garniture de votre choix (confiture, chocolat, Nutella, etc.)

Préchauffez le four à 200 °C (th. 6-7).
Faites fondre le beurre et mélangez-le avec le sucre.
Ajoutez les oeufs entiers et le lait, puis la farine et la levure.
Recouvrez la plaque du four de papier sulfurisé et étalez la pâte dessus.
Enfournez pendant 6 min (jusqu'à ce que le dessus soit doré).
Sortez la pâte du four et nappez-la de la garniture de votre choix.
Roulez immédiatement le gâteau et réservez-le dans un endroit frais et sec.

si vous n'avez pas
de
MOULE À CHARLOTTE
utilisez
un SALADIER
ou
un MOULE
À MANQUÉ

CHARLOTTE AUX FRAISES

pour 6 personnes

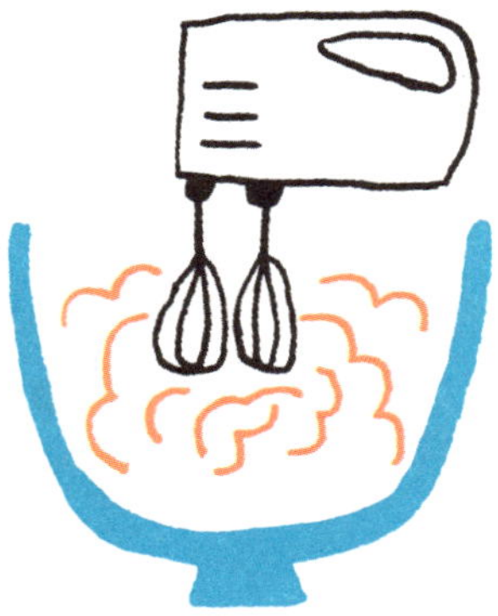

INGRÉDIENTS

- 500 g de fraises parfumées
  (gariguettes, maras des bois)
- 30 cl de crème fleurette
- 100 g de sucre glace
- 5 gouttes d'extrait de vanille
- 2 oranges
- 1 citron
- 30 biscuits à la cuillère

Équeutez et rincez les fraises,
réservez-en une dizaine et coupez les autres *en quartiers*.
Montez la crème en chantilly dans un saladier
avec un batteur électrique (voir page 89).
Ajoutez le sucre glace et l'extrait de vanille,
puis *fouettez encore quelques secondes*.
Pressez les oranges et le citron,
puis versez le jus dans *un grand plat creux*.

Trempez les biscuits dans le jus
et tapissez-en un moule à charlotte.
Sur les biscuits, alternez une couche de chantilly,
une de fraises en morceaux, une de biscuits *imbibés*,
puis terminez par *une couche* de biscuits.
Posez une assiette sur la charlotte et réservez-la
au moins 12 h au réfrigérateur.
Juste avant de servir, démoulez la charlotte sur un plat
et *décorez avec le reste des fraises*.

Pensez à préparer

le gâteau la veille !

GARDEZ LE NOYAU DES FRUITS

ILS AURONT PLUS DE GOÛT !

écrasez
les grumeaux
contre les bords
du saladier

CLAFOUTIS AUX ABRICOTS

pour 4 personnes

INGRÉDIENTS

- 4 œufs
- 125 g de sucre
- 1 pincée de sel
- 100 g de farine
- 50 g de beurre fondu
- 25 cl de lait
- 500 g d'abricots frais

Déclinez le clafoutis aux cerises

aux prunes

aux pommes (revenues au beurre)

N'UTILISEZ PAS

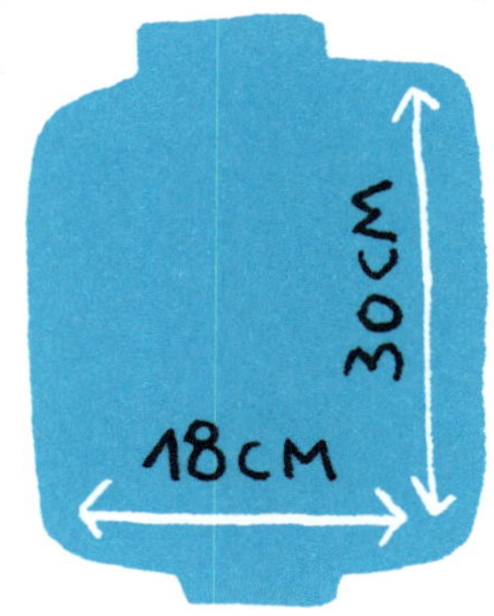

UN PLAT TROP GRAND !

Préchauffez le four à 210 °C (th. 7).
Dans un grand saladier,
battez les œufs *en omelette*
avec le sucre et le sel.
Incorporez la farine, le beurre et le lait
en mélangeant *au fur et à mesure*
et *en écrasant bien tous les grumeaux*.
Coupez les abricots en deux et enlevez le noyau.
Disposez les moitiés d'abricots, *face bombée vers le haut*,
au fond d'un plat à gratin beurré.
Versez la préparation sur les abricots et enfournez 45 min.

saupoudrez au bout de 30 minutes de cuisson

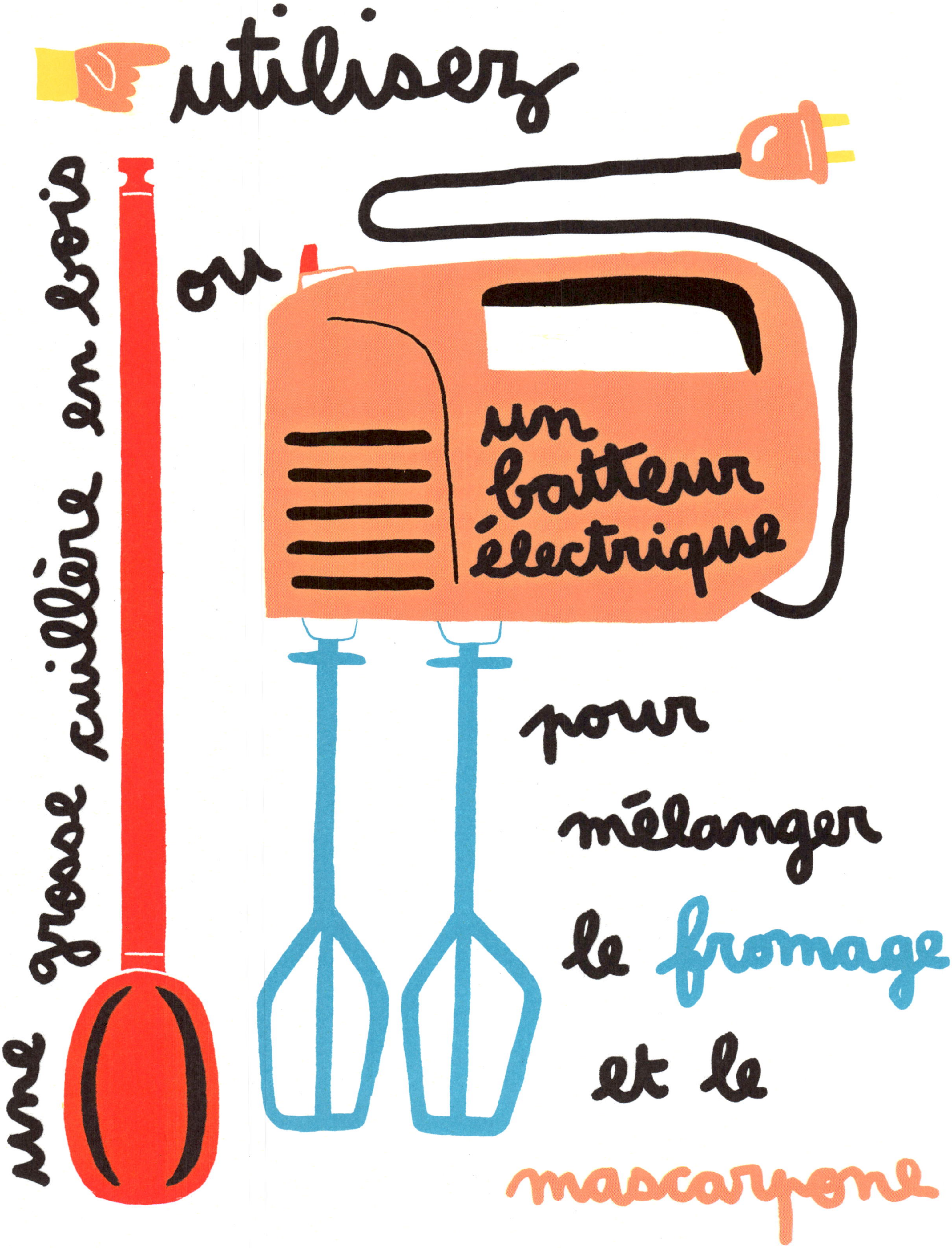
utilisez
une grosse cuillère en bois
ou
un batteur électrique
pour mélanger
le fromage
et le
mascarpone

TIRAMISU

pour 6 personnes

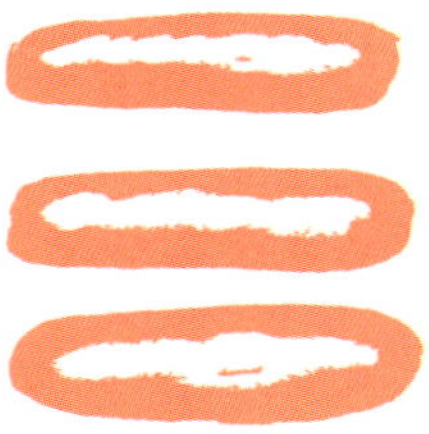

INGRÉDIENTS

- 500 g de fromage blanc
- 500 g de mascarpone
- 4 à 6 cuil. à soupe de sucre glace
- 2 blancs d'œufs (ou 2 œufs entiers)
- 1 pincée de sel
- 20 biscuits à la cuillère
- 1 tasse de café noir (ou de jus de fruits)
- 1 cuil. à soupe de cacao amer en poudre

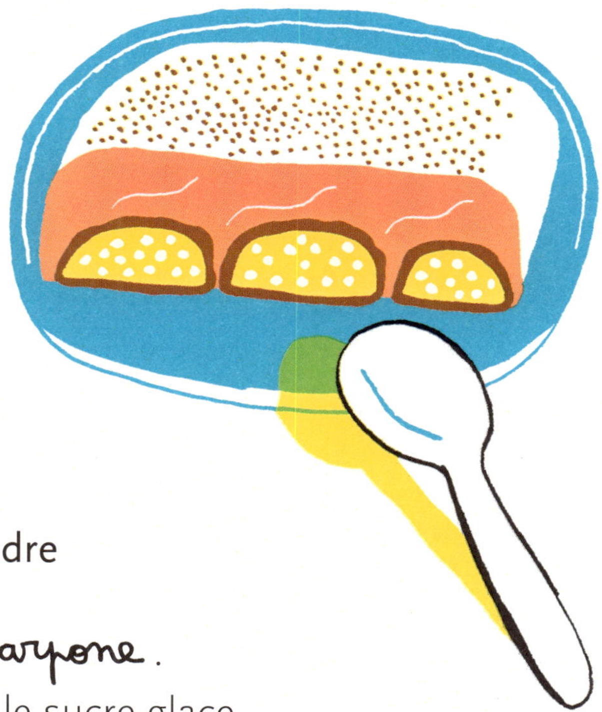

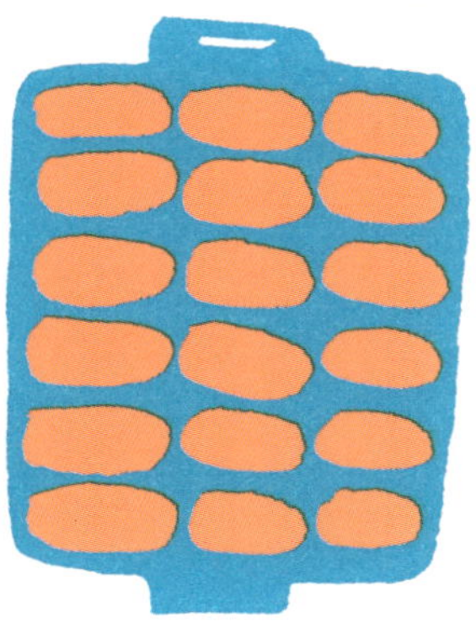

Mélangez le fromage blanc et le mascarpone.
Sucrez la préparation à votre goût avec le sucre glace.
Cassez les œufs en séparant les blancs (dans un saladier) et les jaunes (que vous pouvez incorporer ou non à la préparation au fromage blanc).
Ajoutez le sel dans les blancs et montez-les en neige très ferme.
Incorporez délicatement les blancs battus en neige dans la préparation à base de fromage blanc.
Recouvrez le fond et les parois d'un plat avec les biscuits à la cuillère, versez le café et inclinez le plat de tous les côtés afin que les biscuits soient bien imbibés.
Versez la préparation à base de fromage blanc dans le plat en recouvrant tous les biscuits.
Réservez au réfrigérateur pendant trois heures minimum et saupoudrez de cacao amer juste avant de servir.

servez le riz au lait
avec

RIZ AU LAIT

pour 6 personnes

INGRÉDIENTS

- 250 g de riz
- 1 l de lait
- 100 g de sucre en poudre (8 cuil. à soupe)
- 3 sachets de sucre vanillé
- 1 pincée de sel

Faites cuire le riz 10 min à l'eau bouillante puis égouttez-le.
Mélangez dans une grande casserole le riz bien égoutté, le lait, le sucre vanillé et le sel.
Laissez cuire à feu doux 30 min environ (jusqu'à ce que le riz ait presque absorbé tout le lait).
Hors du feu, incorporez le sucre.
Versez la préparation dans un plat et réservez au moins quatre heures au frais.

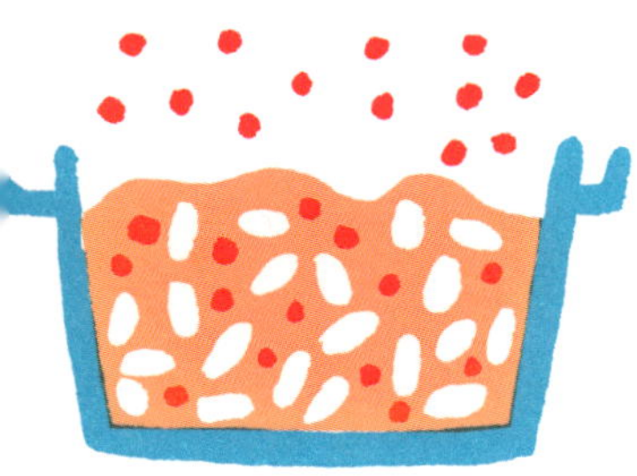

Pour une mousse ferme,
faites
fondre

MOUSSE AU CHOCOLAT

pour 6 personnes

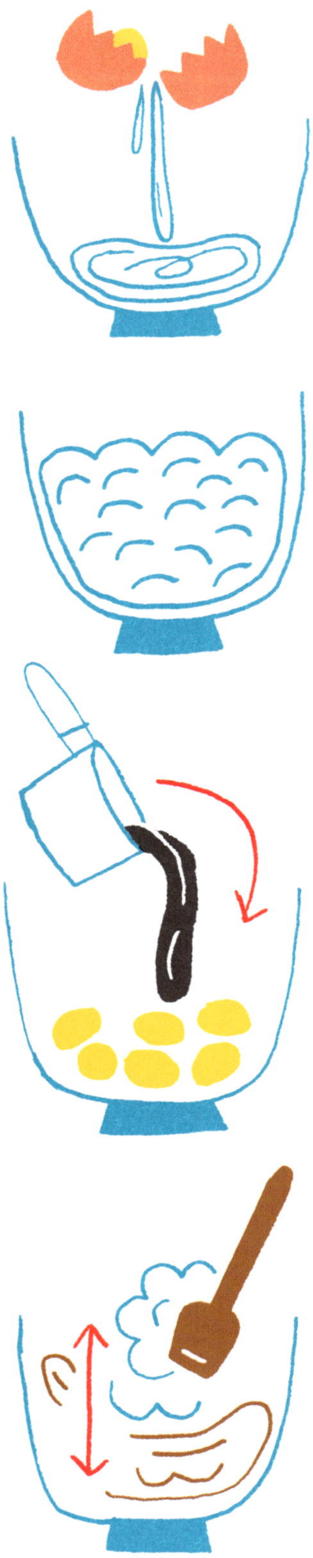

INGRÉDIENTS

- 200 g de chocolat noir
- 6 œufs
- 1 pincée de sel

Faites fondre le chocolat et laissez-le tiédir.
Cassez les œufs en séparant les jaunes et les blancs dans deux saladiers.
Ajoutez le sel dans les blancs et montez-les en neige très ferme au batteur électrique.
Versez le chocolat tiédi sur les jaunes en mélangeant énergiquement.
Incorporez délicatement les blancs battus en neige en soulevant la préparation de bas en haut avec une spatule pour délayer le chocolat sans faire retomber les blancs.
Versez dans un saladier propre ou dans des ramequins individuels et réservez trois heures minimum au réfrigérateur avant de servir.

PARFUMEZ LA CRÈME

CRÈME ANGLAISE

pour 6 personnes

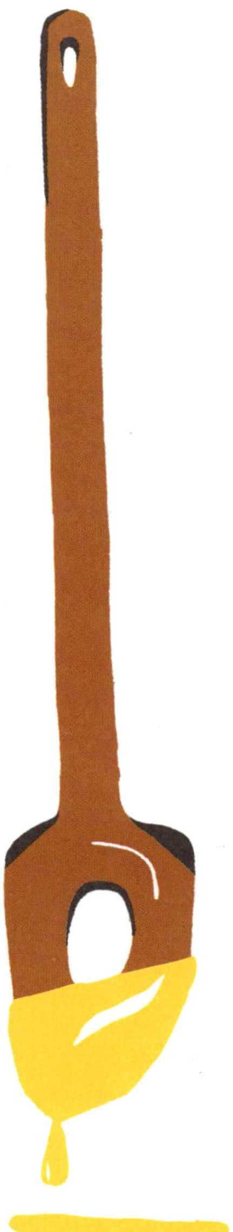

INGRÉDIENTS

- 50 cl de lait
- 2 sachets de sucre vanillé
- 4 jaunes d'œufs
- 100 g de sucre en poudre

Faites bouillir le lait avec le sucre vanillé.
À l'aide d'une cuillère en bois, mélangez les jaunes d'œufs dans une terrine avec le sucre, jusqu'à ce que le mélange blanchisse.
Incorporez peu à peu, hors du feu, le lait bouillant.
Versez le mélange dans la casserole et portez à feu doux, sans cesser de remuer avec la cuillère en bois, en grattant bien le fond, jusqu'à ce que la crème prenne un peu de consistance et enrobe la cuillère.
Retirez du feu avant l'ébullition et laissez refroidir.

Badigeonnez du jaune d'oeuf avant de mettre au four

pour faire briller les biscuits

BISCUITS

pour 30 biscuits

DÉCOREZ VOS BISCUITS

INGRÉDIENTS

- 1 œuf
- 125 g de beurre demi-sel
- 125 g de sucre en poudre
- 250 g de farine

Cassez l'œuf dans un bol et battez-le à la fourchette.
Dans un saladier, mélangez à la cuillère le beurre ramolli et le sucre puis incorporez l'œuf battu.
Ajoutez progressivement la farine en écrasant tous les grumeaux. Formez une boule et laissez reposer la pâte dans un endroit frais pendant 1 h.
Étalez la pâte au rouleau à pâtisserie sur un plan fariné jusqu'à ce qu'elle fasse environ cinq millimètres d'épaisseur.
Posez un verre sur la pâte de façon à découper une trentaine de biscuits (ramassez les débris de pâte en boule pour refaire des biscuits).
Préchauffez le four à 150 °C (th. 5).
Disposez les biscuits sur la plaque du four.
Enfournez dans le haut du four pendant 10 min.
Sortez la plaque du four quand les biscuits sont joliment dorés et laissez-les refroidir sur une grille ou un plat.

utilisez
un croûton de pain beurré
pour graisser la poêle
entre chaque crêpe

CRÊPES

pour 12 crêpes

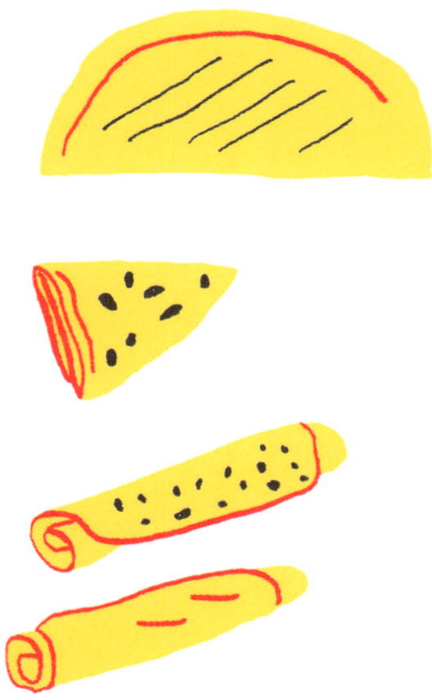

INGRÉDIENTS

- 150 g de farine (5 grosses cuil. à soupe)
- 1/2 cuil. à café de sel
- 2 œufs
- 40 g de beurre
- 50 cl de lait (2 verres 1/2)

Versez la farine et le sel dans un saladier.
Cassez-y les œufs et mélangez avec une cuillère en bois.
Incorporez progressivement le beurre fondu
et le lait en écrasant les grumeaux au fur et à mesure
jusqu'à ce que la pâte soit bien lisse.
Mélangez bien cette pâte assez liquide
et laissez-la reposer jusqu'au moment de faire vos crêpes.
Faites chauffer une poêle sur feu vif.
Lorsque la poêle est bien chaude, versez une petite noix
de beurre puis une petite louche de pâte
et inclinez la poêle dans tous les sens
afin que la pâte recouvre toute la surface.
Quand la crêpe est cuite d'un côté, retournez-la
ou faites-la « sauter » de l'autre côté.

! ATTENTION AU TIMING !

CRÈME CHANTILLY

pour un demi-litre de Chantilly

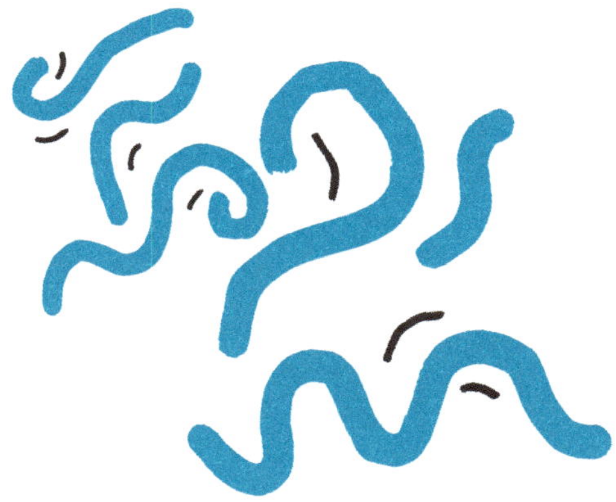

INGRÉDIENTS

- 50 cl de crème fleurette
  (ou de crème fraîche liquide non allégée)
- 35 g de sucre glace

Versez la crème dans un saladier, ajoutez le sucre glace
et réservez le saladier au réfrigérateur *(ou au congélateur)*.
Sortez le saladier du réfrigérateur
une fois qu'il est bien frais *(mais pas glacé)*.
Fouettez la crème à l'aide d'un batteur électrique
en changeant de vitesse progressivement *(du plus lent au plus rapide)*,
toutes les 30 secondes environ.
Cessez *immédiatement* de battre
dès que la crème mousse
et tient aux branches du fouet,
sinon elle tournerait rapidement au beurre.
Réservez au moins 2 h au réfrigérateur
et *ne sortez qu'au moment de servir.*

COUPES GLACÉES

POIRE BELLE-HÉLÈNE

Pour 1 coupe

INGRÉDIENTS

- 1 cuil. à soupe d'amandes effilées
- 1/2 poire au sirop
- 1 grosse boule de glace à la vanille
- 1 filet de chocolat fondu

Faites dorer légèrement les amandes effilées à la poêle.
Dans une coupe, placez la demi-poire
et la glace à la vanille côte à côte.
Versez le filet de chocolat fondu
et saupoudrez d'amandes effilées.

PÊCHE MELBA

Pour 1 coupe

INGRÉDIENTS

- 1/2 pêche au sirop
- 1 grosse boule de glace à la vanille
- 1 cuil. à soupe de coulis de framboises

Dans une coupe allongée,
placez la demi-pêche
et la glace à la vanille côte à côte.
Versez le coulis de framboises.

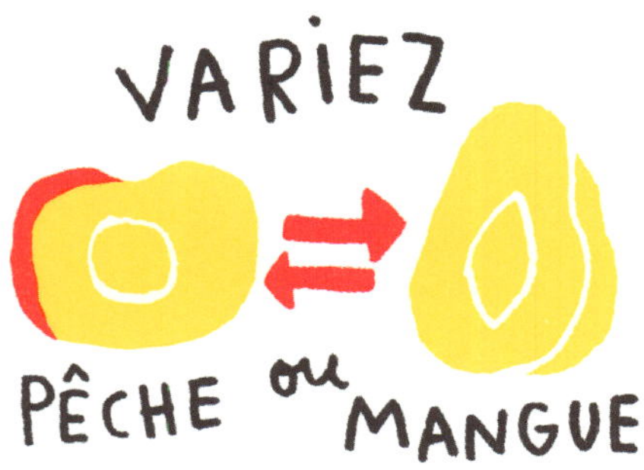

En Belgique on sert trois boules de chocolat

Pour 1 coupe

BANANA SPLIT

INGRÉDIENTS

- 1 banane
- 3 boules de glace (vanille, chocolat et fraise)
- 1 long pschitt de Chantilly
- 1 filet de chocolat fondu

on peut ajouter
des fruits rouges
des amandes
des vermicelles
sur le dessus

Coupez la banane en deux dans le sens de la longueur et disposez-la dans une coupe allongée. Placez les trois boules de glace entre les deux moitiés de banane. Recouvrez de Chantilly (p. 89) et d'un filet de chocolat fondu.

à "l'Américaine" on utilise trois nappages !

servez vos coupes TOUT DE SUITE !

TABLE DE CONVERSION
DES POIDS & MESURES

LES CUILLÈRES	à Café	à Dessert	à Soupe
	0,5 CL 3 GR (farine) 5 GR (sucre, sel)	1 CL 8 GR (farine) 10 GR (sucre, sel)	1,5 CL 12 GR (farine, crème) 15 GR (sucre, sel)

LES VERRES	à Liqueur	à Vin	à Moutarde	Grand Verre
	3 CL	10 à 15 CL	15 CL 100 GR (farine) 125 GR (riz) 140 GR (sucre)	25 CL 150 GR (farine) 200 GR (riz) 220 GR (sucre)

LES TASSES	à Café	à Thé	Mug	Bol
	10 CL	12 à 15 CL	20 à 25 CL	35 CL 225 GR (farine) 300 GR (riz) 320 GR (sucre)